RÉSULTATS FANTASTIQUES

DE

L'APPLICATION DE LA LOI

SUR LES LOYERS

PAR

A.-E. BILLAULT DE GÉRAINVILLE

ÉCONOMISTE, AUTEUR DE L'*HISTOIRE DE LOUIS-PHILIPPE*, etc.

E portu solventibus, ii, qui jam in portum ex alto invehuntur, præcipere summo studio solent et tempestatum rationem, et prædonum, et locorum; quod natura fert, ut eis faveamus, qui eadem pericula, quibus nos perfuncti sumus, ingrediantur.

C'est l'usage chez les navigateurs, à l'arrivée dans le port, de donner à ceux qui s'apprêtent à en sortir tous les avertissements possibles au sujet des tempêtes, des pirates et des écueils; aussi bien, il est naturel de s'intéresser à ceux qui vont courir des périls qu'on vient soi-même de traverser.

CICÉRON, *pro Murena*, II.

Prix : 75 centimes

PARIS

CHEZ TOUS LES LIBRAIRES

ET BOULEVARD ORNANO, 26

1871

L'APPLICATION DE LA LOI

SUR LES LOYERS

La mythologie rapporte que Jupiter se sentit un jour affecté d'un mal de tête épouvantable. Pour se délivrer de cette violente céphalalgie, le roi des dieux ne trouva rien de mieux que de s'adresser à Vulcain. L'artiste boiteux vient à la sollicitation du malade au front nuageux (νεφεληγερέτα Ζεύς), et d'un coup de marteau lui ouvre le crâne. Aussitôt jaillit Minerve, déesse, et auguste personnification de la sagesse.

Entre l'état de Jupiter et celui du législateur en France, à la suite de la crise que nous venons de traverser, il y a, ce semble, plus d'un trait d'analogie, plus d'un point de ressemblance. Seulement, dans l'enfantement de la loi sur les loyers, l'une des éclosions de cette crise, le dénoûment aura été moins heureux. Ici M. Dufaure, l'éminent garde des sceaux, tient l'emploi et fait l'office de Vulcain, sans en reproduire au surplus la physionomie, encore moins les conditions physiques et morales. Mais si apte qu'il soit à forger des lois, dans son action, il a eu moins de succès que le dieu. Autrement pénible et laborieux a été l'accouchement de sa loi sur les loyers, qui n'a apporté allégement à la situation ni ouvert au mal une issue salutaire. Au contraire, l'état du patient paraît avoir empiré. A supposer qu'il en relève, le malade restera longtemps éclopé, malingre et valétudinaire.

Du cerveau de la France représenté, doit-on croire, par l'Assemblée nationale, il est sorti, je ne dirai pas un avorton, mais un produit dont il est difficile de dire qu'il soit, à l'égal de Minerve, l'expression de la sagesse. Aussi bien un journal anglais, le *Times*, n'affirmait-il pas dernièrement de la noble assemblée, « qu'elle ne sait pas ce qu'elle veut, ni même ce qu'elle fait. » Dire erroné, impertinence grande ! Que l'organe de la Cité ne prêtait-il l'oreille aux croassements des grenouilles ! Mal satisfaites du soliveau, elles demandent l'hydre, un roi pour les croquer. La France abattue, couchée sur son lit de douleur, commence à peine à se relever de ses désastres : à cet intéressant et débile malade, à peine entré en convalescence, les empiriques du jour ne trouvent rien de mieux à prescrire, sous prétexte de lui donner des forces et de le ragaillardir, qu'un régime sévère..., celui de la monarchie, voire même de l'absolutisme. En vérité, c'est merveille comme nous savons, en France, profiter des leçons de l'expérience et nous instruire à l'école de l'adversité !

La discussion de la loi sur les loyers, pour le dire en passant, a montré combien l'assemblée de Versailles est peu faite pour les débats d'affaires, mal préparée à résoudre les difficultés d'application. Elle manque essentiellement d'esprit pratique et semble, au suprême degré, sinon rébarbative, au moins indifférente à la solution des problèmes d'intérêt général. A cet égard, déjà la loi sur les échéances, vingt fois remise sur le métier et vingt fois manquée, avait fait preuve de son éclatante inaptitude. La loi sur les loyers n'a fait que confirmer cette vérité. Les études sérieuses paraissent tout à fait antipathiques à nos législateurs actuels. Les questions d'affaires les rebutent. A s'en occuper, il y aurait pourtant, non pas seulement profit, mais nécessité pour la France.

A gestation prolongée autant que douloureuse, mal élaborée, entortillée et confuse, dangereuse par le vague et l'arbitraire de ses dispositions, la loi sur les loyers, à trop embrasser, courait risque de mal étreindre. C'est ce qui est arrivé. A l'origine, elle a soulevé des doutes dans plus d'un bon esprit, provoqué les critiques même de ses partisans et plus zélés défenseurs. Un législateur consciencieux[1], à bon droit timoré au moment où elle allait se traduire en pratique, a manifesté ses appréhensions sur son efficacité. Organe des scrupules de gens expérimentés, il sentait le besoin d'une révision de la loi, sinon d'une refonte intégrale. Il en fit l'objet d'une proposition formelle, malheureusement abandonnée. Le remaniement n'eut pas lieu. On s'en rapporta à la déclaration au moins prématurée de M. le garde des sceaux, « que la loi avait produit déjà des résultats excellents. » Le ministre, s'il a consulté autre chose que les rapports de MM. les juges de paix, doit maintenant savoir à quoi s'en tenir

---

[1] M. Henri Martin.

sur les résultats de sa loi. Que cette paternité lui soit légère ! Quant aux justiciables, ils continuent d'apprécier la bonté de ses fruits. Pour en goûter, liberté à tous de s'approcher de la corbeille. A les porter à ses lèvres, chacun peut juger de leur saveur.

Plus l'État se corrompt, dit Tacite, plus les lois se multiplient : *Corruptissima republica plurimæ leges.* De nos lois, en viendrons-nous donc, comme au temps de Justinien, à la charge de neuf cents chameaux ? car nous aussi, nous sommes devenus la proie du mal qui travaillait Rome au temps de Tacite : *Legibus laboramus.* La manie ou plutôt la rage de légiférer à tout moment et à propos de tout, nous possède. On l'a dit déjà bien des fois, et c'est une vérité tellement rebattue qu'il serait bon, ce semble, d'en faire notre profit. La liquidation des loyers d'octobre 1870, janvier et avril 1871, telle qu'elle s'est pratiquée jusqu'ici, comptera certainement pour tous les intérêts parmi les plus désastreuses. A beaucoup elle a apporté la ruine, à tous le dérangement, la perturbation dans leurs affaires. Et ce n'est pas un de ses traits les moins saillants et caractéristiques qu'au préjudice de maints honnêtes gens elle a enrichi des fripons, ceux-là même qui, antérieurement, avaient trouvé moyen de s'engraisser au régime du siége.

Rien de plus fantastique, de plus arbitraire, de plus contradictoire que les décisions rendues par les jurys des loyers, ou plutôt par les juges de paix et leurs suppléants, absolument omnipotents au milieu des quatre assesseurs qui leur servent de cortége. Dans la même section et pour des espèces tout à fait identiques, elles se ressemblent comme le jour et la nuit. C'est bien mieux ou pis, si l'on veut, à comparer la jurisprudence des circonscriptions entre elles. Aux audiences, on ne travaillait pas mieux à la cour du roi Pétaud.

De fait, la physionomie des jurés donne l'explication de leurs verdicts. Ceux des loyers, s'ils nous infligent des dommages, ne nous frappent pas du moins de la peine capitale, et c'est, ma foi, tant mieux : ils le feraient le plus innocemment du monde, et, comme le *juste* Pilate, diraient qu'ils s'en lavent les mains. Donc, dans cette constitution insolite et surprenante de tribunal, un juge prépondérant, et, à ses côtés, quatre figurants, magistrats agrégés et improvisés, assez mal à leur aise, point émerveillés du tout de leur éphémère élévation, distraits, subissant à contre-cœur leur corvée : ils se sentent juxtaposés là *ad pompam et ornamentum.* C'est la peinture qu'en a tracée un propre juge de paix.

Bien différente est, au Palais, la condition du juge des référés, magistrat toujours hors ligne, choisi en raison de sa capacité éprouvée et du degré de ses lumières, imbu du sentiment de ses devoirs, pénétré de l'étendue de la responsabilité qui lui incombe tout entière, à la différence du juge de paix, qui abrite ses décisions derrière une responsabilité impersonnelle et collective.

Devant le juge des loyers défile une kyrielle d'espèces de toutes nuances et couleurs, de nature et d'importance les plus diverses, capables, à la vélocité dont elles passent sous les yeux, de donner le vertige. A plus forte raison n'y a-t-il lieu de s'étonner si elles rebutent l'attention la plus robuste et engendrent monotonie et fatigue. On serait sur les dents à moins. En dernière analyse, la note prise par le président sur chaque affaire demeure l'unique et décisif élément du litige. Les délibérations dans les entr'actes d'audience interviennent-elles autrement que pour la forme et la décoration convenue? Permis d'en douter d'après tout ce qu'on en rapporte.

Cette question si complexe des loyers, impossible à réglementer *a priori*, on eût dû l'abandonner à l'arrangement amiable des parties. Que si, à toute force, l'on tenait à faire intervenir la loi et l'autorité, il fallait s'en tenir à une solution aussi simple que pratique. Je l'avais à l'origine proposée dans une étude sur la question que l'opinion accueillit favorablement et qui parut goûtée du public. Au cas d'accord impossible entre les arbitres choisis par les parties, un tiers tiré au sort sur une liste formée n'importe comment aurait reçu mission légale de les départager. L'expérience quotidienne atteste qu'en pareil cas les mandataires apportent le tempérament le plus conciliant : ils pèsent d'une façon salutaire sur les déterminations de leurs clients, si arrêtées et irrévocables qu'elles paraissent. Mais ce mode avait l'inconvénient d'être simple et pratique ; or, il n'y a que le compliqué qui ait le don d'agréer en France. Une intervention du pouvoir aussi discrète et mesurée que possible n'est pas du goût de tout le monde. La loi et l'administration ont donc fait sans partage leur domaine de la question. De ce système les fruits ne devaient pas tarder à éclore, et ils ont rapidement atteint leur complète et amère maturité.

Nous avons entendu déverser de vives critiques sur la formation des listes de propriétaires et locataires composant les jurys, sur la divulgation anticipée des noms, sur les facilités de circonvenir les personnes et de surprendre la religion du juge. Pour savoir jusqu'à quel point elles sont fondées, il faudrait une enquête en règle. Nous n'avons ni la mission ni le temps d'y procéder. Nous dirons seulement, d'après des faits constants et un ensemble de témoignages difficile à récuser, qu'il s'est produit des fraudes et des compromis regrettables.

A être mal à propos distraits de leurs juges naturels et accoutumés, nombre de commerçants et industriels ont rencontré, aux jurys des loyers, plus que déception et mécompte. Propriétaires d'hôtels meublés, principaux locataires, logeurs et maîtres de garnis comptent parmi les plus éprouvés. Pour la plupart d'entre eux cette liquidation est la ruine. Nous en connaissons des exemples navrants. Beaucoup de baux feront de la sorte retour au trop heureux propriétaire, mal à coup sûr avec sa conscience, pour peu qu'il ait de délicatesse et d'honnêteté. Et je passe sur les dommages répandus à flots sur les malheureux industriels et commerçants, sur le commun des martyrs, sur les petits propriétaires, ceux surtout des quartiers excentriques et des zones suburbaines : non-valeurs, réquisitions de logements, extorsions de contributions par la Commune, détournement et vol de matériel, rien ne leur a manqué. A toutes les périodes de la crise, il y a eu pour tout ce monde funestement privilégié, comme dans l'enfer du Dante, souffrance et douleur à tous les cercles. La loi sur les loyers est venue pour les achever. Et le fisc, qui n'oublie rien et est toujours prêt à allonger sa main crochue, s'est mis de la partie, à son tour en campagne du chef des contributions arriérées, se refusant à toute composition pour celles extorquées par la Commune.

En principe, rien de plus dangereux qu'une juridiction exceptionnelle et sommaire, surtout quand la voie de l'appel est fermée. Dans ces conditions, le législateur peut-il mesurer la portée de l'arbitraire par lui déchaîné, en calculer les conséquences, les effets désastreux ? S'est-il rendu suffisamment compte des influences, des complaisances intéressées, de la camaraderie, des entraînements de toute nature que peut subir le juge ? En fin de compte, même dans les cas d'application les plus favorables, la loi sur les loyers, avec sa juridiction hybride, à tête multiple, où la responsabilité est partout et nulle part, a produit des résultats déplorables. De ce filet, la grande propriété enserrée a bien pu forcer les mailles ; la petite s'y est trouvée prise et étouffée. L'engrenage l'a broyée. Les propriétaires d'immeubles modestes, à minces produits et à revenu limité, se trouvent aujourd'hui la plupart ruinés, et contre le pouvoir élèvent un concert de reproches et de plaintes. Si au moins, comme compensation, la loi avait procuré aux locataires une justice intelligente et distributive ! Mais non. Et qu'on nous passe ici la trivialité de l'image, la vulgarité de la comparaison : à la juridiction des loyers, le justiciable tire son lot et amène « au hasard de la fourchette. » En piquant l'instrument, chacun est servi au gré du sort. C'est une loterie où n'abondent pas les bons numéros, un chaos informe de décisions capricieuses et disparates, gâchis sans nom, un des traits, au surplus, de la physionomie générale des affaires aujourd'hui en France, la France qu'un aliéniste[1] n'a pas craint de proclamer atteinte « d'idiotie paralytique. » A la science il appartient de décider si le cas est aussi grave, le mal invétéré et incurable. Toujours est-il que,

---

[1] Le docteur Virchow.

même dans des têtes réputées très-fortes, dans maints cerveaux prônés, c'est miracle s'il germe et si l'on voit éclore autre chose que des sottises. Aujourd'hui l'incapacité fait merveille ; elle enlève tous les suffrages des connaisseurs, et qu'ils sont nombreux ! Depuis la diplomatie, carrière chez nous de parade — et l'on sait ce qu'il nous en a coûté — jusqu'aux fonctions subalternes, voyez par qui sont tenus les emplois ! Il semble que pour nos gouvernants le talent, la capacité soient cas d'hydrophobie dont il importe de se garer. Le sens moral surtout, s'il n'est pas tout à fait parti, est grandement en train, avec nos millions, de déménager de France. En doutez-vous aux faits et gestes du jour ? Hier encore, par exemple, n'entendiez-vous pas un avocat fameux entonner publiquement un hymne en l'honneur du concubinage ? Et, au-dessus de tout, ne voyez-vous pas la scène politique et parlementaire occupée par trop d'acteurs qui, au lieu d'aller cacher leur honte à l'autre bout du monde, continuent effrontément de poser et de se pavaner devant le public ?

Et l'on s'étonnerait de nos malheurs ! Notre pays tient aujourd'hui encore la corde en Europe, mais c'est, comme le prouve la statistique, par la multiplicité et la fréquence des suicides, symptôme et témoignage non équivoques de la félicité dont nous jouissons. La catastrophe des loyers n'est qu'un anneau de la chaîne de nos épreuves.

Je n'ai parlé encore que des cas communs, de la monnaie courante de jugements rendus à tour de bras, *ab hoc et ab hac*, à tort et à travers, par les jurys des loyers. Mais de ces décisions, il en est qui sortent de la ligne commune, qui tiennent un rang exceptionnel. Celles-là portent un caractère, un cachet tout à fait excentriques. En voici un spécimen qui nous appartient et, qu'à ce titre, nous pouvons absolument garantir. Nous souhaiterions que notre mésaventure fût unique de son espèce ; mais on nous assure qu'elle a des similaires dans cette *fantasia* qui s'appelle l'œuvre de la juridiction des loyers, dans cette distribution bizarre de décisions si libéralement faite au public.

Nous avons acquis, il y a quelques années, au prix de vingt-cinq mille francs, la location principale d'une maison dont est propriétaire un ex-avoué au tribunal de la Seine, M. Guyot-Sionnest, premier suppléant de juge de paix à Paris. Incontinent nous fûmes gratifié par le fisc d'une patente « d'entrepreneur de locations. » Conseil de préfecture et conseil d'État — deux bonnes juridictions qui s'emboîtent le pas et marchent de concert au but commun — décidèrent bel et bien que nous exercions une industrie patentable au premier chef, voire même moins à ménager qu'une autre, en ce qu'elle offrait sécurité au capital, repos au corps et à l'esprit, enfin loisir à l'homme de lettres. Sur ce fondement, nous nous exécutâmes de bonne grâce. A force de nous l'entendre dire, nous aurions pu croire avoir trouvé la pie au nid. Notre ingéniosité n'avait pourtant pas été jusqu'à inventer la profession. Ces assurances qu'on nous prodiguait, elles étaient, hélas ! trompeuses. L'événement devait cruellement les démentir. Sur la cime de Montmartre, nous nous étions, paraît-il, trop élevé : nous devions y rencontrer la foudre. A tel vol, apparemment présomptueux, notre capital allait fondre ni plus ni moins que les ailes d'Icare, sans la consolation, comme lui, au sein du désastre, d'immortaliser de notre nom ces parages inhospitaliers.

C'est encore un fruit amer cueilli à l'arbre des loyers. Bien d'autres, dans le commun péril, ont tenté également de s'accrocher à ses branches, qui n'y ont trouvé qu'une chute aussi déplorable.

Au principal locataire, la loi sur les loyers a fait cette condition désagréable de le placer, comme on dit, entre le marteau et l'enclume, ou, si l'on veut, sur une corde roide où il lui est rien moins que facile de se maintenir en équilibre. La danse des œufs n'est rien en comparaison de l'exercice à exécuter, du tour de force que le principal locataire doit accomplir. Il ne saurait ici tenir la route sans verser à droite ou à gauche, bord du propriétaire ou côté des locataires, tiraillé qu'il est par la cupidité de l'un et les prétentions démesurées des autres. Le cas heureusement n'est pas commun : par bonheur il est fort restreint le nombre des propriétaires, à soif inextinguible d'argent, qui n'ont voulu entendre à aucun accommodement, rien sacrifier de leurs trois termes. C'est un devoir, disons mieux, une satisfaction profonde pour nous de le proclamer bien haut : l'immense majorité des propriétaires de Paris a donné le noble exemple des sacrifices. Ils se sont exécutés libéralement et de bonne grâce. On les compte, ceux qui, à l'état d'infime exception à la règle, se sont refusés à régler amiablement avec leurs locataires la contribution équitable dans la perte. La grande majorité a considéré à l'égal d'une tache de figurer dans un misérable débat public. Au sein de la détresse générale, la propriété a ainsi maintenu sa considération et justifié une fois de plus l'honneur mérité qui s'attache à une grande et légitime fortune. Le résidu vaut-il la peine d'en parler ? Francs-fileurs à qui leurs moyens ont permis d'émigrer de Paris, de se blottir avec les vers dans toute espèce de fromages. Ils ont de la sorte grignoté, écorniflé, et les voilà maintenant de retour à Paris ! Ceux-là, en raison de leur peur et de l'exemption de nos maux, sont les plus intraitables. Équité et accommodement, ne leur parlez pas de cela : ces tempéraments ne sont pas à leur usage. Moins autorisé seriez-vous encore à fonder quelque espoir sur leurs sentiments. Est-ce qu'ils ont, comme nous, Parisiens claquemurés, connu les misères et les angoisses du siége, et après, comme bouquet, la tyrannie, les vexations de tout genre et jusqu'au péril de mort de la part de la Commune? Surtout ils n'ont pas vu de près ni éprouvé les horreurs de la guerre civile. Peut-être, lecteur, vous a-t-elle tenu, comme nous et tant d'autres, nouveaux Troglodytes, trois jours entiers séquestrés dans des caves, dans l'impossibilité de courir au devant de nos libérateurs, placés, non pas seulement entre deux, mais entre trois feux, interceptés du reste de nos concitoyens par trois barricades, desquelles nous entendions siffler les balles sur nos têtes et crépiter la fusillade, sans pouvoir nous élancer sur nos oppresseurs, alors que, débusqués de positions presque inexpugnables par l'héroïsme de nos soldats, ils se sont trouvés enfin acculés à leurs néfastes et impies remparts.

Devant les dispositions intraitables de votre propriétaire, vous auriez, lecteur, recouru nécessairement comme nous à l'application de la loi sur les loyers. Établissant votre compte devant la juridiction qu'elle a instituée, et, comme on dit au populaire, *définissant* votre cas, vous eussiez tenu à peu près ce langage :

A mon propriétaire, loyer net du foncier. . . .	6,000	
Foncier et portes et fenêtres.	579	20
Patente.	167	77
Gaz.	120	»
Vidange.	150	»
Eaux	100	»
Concierge.	500	»
Assurance	20	»
Réparations *grosses* et menües.	Mémoire.	
Total, sauf mémoire.	7,416 fr. 97 c.	

Le produit annuel de votre maison étant de dix mille francs en chiffres ronds, c'est, en temps ordinaire, à part le terrible article porté pour mémoire, toutes charges acquittées, un net de deux mille cinq cent quatre-vingt trois francs trois centimes à faire entrer dans votre escarcelle.

Mais nous ne sommes par en temps ordinaire.

À ces années calamiteuses de 1870 et 1871, à jamais mémorables dans les fastes de nos malheurs, avec le triple fléau de la guerre, de la famine et d'une mortalité effrayante versée sur nos têtes à pleines mains par l'ange de la mort du haut de l'empyrée céleste, il devient un mythe, ce produit de dix mille francs de votre maison. Au lieu de profit à réaliser, vous ne trouvez que pertes. Ça bien compté sur vos doigts, comme au primitif et bon vieux temps, vous constatez à votre stupéfaction un déficit de plus de cinq mille cinq cents francs.

La bonne ville de Paris veut bien vous payer un terme sur trois du chef des pauvrets, locataires au-dessous de six cents francs. Grand merci à elle ! C'est bien quelque chose, mais plutôt une manière de compatir à votre malheur, qu'un soulagement à votre misère.

Aussi bien elle est poignante. Une année entière ne vous fournit pas, défalcation faite des charges, de quoi acquitter seulement la moitié de votre loyer. Et vous n'êtes pas encore au terme de vos sacrifices ! Voici venir un surcroît à vos embarras, une aggravation à vos charges. En présence du jury des loyers, il vous faut maintenant compter avec vos sous-locataires, commerçants et industriels, avec qui vous auriez bien voulu et certainement seriez parvenu à vous arranger en douceur, à la franquette, à la bonne franquette, sans la férocité, sans le refus impitoyable d'accommodement de la part de votre propriétaire. La série des remises à leur consentir va se dérouler ici sous vos yeux attristés : mais la nature vous les a-t-elle donnés à autre fin que pleurer ? Aux réclamations que j'entends, je souhaite qu'il vous reste de votre bien de quoi seulement payer un mouchoir pour essuyer vos larmes.

La première que l'ordre et la marche amènent, celle-là qui sort d'une bouche ouverte comme un four, est celle de votre locataire pharmacien. Il n'a garde de déroger aux habitudes traditionnelles de sa profession : son mémoire porte le cachet caractéristique et proverbial de l'état. Il y aura probablement beaucoup à rabattre de son compte. Toujours est-il que sur un loyer de deux mille soixante francs, il demande remise de moitié. Le pauvre homme ! A l'investissement de Paris, par ce temps d'épidémies et de mortalité si fructueux pour sa corporation, il a, assure-t-on, triplé le chiffre de ses affaires ! Les mauvaises langues du quartier ajoutent, ce que je me refuse encore à croire, qu'il a de plus doublé ses prix. Ainsi va le monde, tel est le train ordinaire de la vie : ce qui fait l'infortune de l'un est source de prospérité pour l'autre !

Et ici, lecteur, vous allez demeurez ébahi devant cette surprenante profession de pharmacien où la manipulation et l'art du chimiste sont capables de condenser tant de valeur sous le plus faible des volumes, où le profit peut être tellement rémunérateur qu'il suffise à couvrir des risques et déchets considérables. Vouz serez ahuri au trait suivant dont je fus témoin. Un apothicaire que je pourrais vous nommer, reçoit un matin par mégarde une pièce de deux francs fausse. Sa drogue avait coûté deux francs vingt centimes. L'élève allait s'élancer à la poursuite du client inconnu et déjà loin. En homme avisé qui, au temps qui court, en connaît le prix, le suppôt de Diafoirus l'arrête court sur cette réflexion, « qu'après tout, il reste encore dix centimes de bénéfice. »

Notre apothicaire fait rage néanmoins : il jure ses grands dieux qu'il est ruiné. Bref, il sait si bien dorer la pilule au jury, qu'il lui décroche un terme sur trois qu'il demandait. Voilà, n'est-ce pas, une application pertinente et judicieuse de la loi sur les loyers ! une décision qui fait honneur au discernement fin et éclairé de M. le juge de paix ! Mais, dans notre

XVIII° arrondissement, il n'y a vraiment pas lieu d'en être surpris à la façon dont les choses se passent. Cas *ejusdem farinæ* fourmillent. Ce sont décisions stéréotypées, marquées au coin du pur caprice. Suivent les autres locataires gratifiés de remises de proportions très-inégales et surtout très-arbitraires : il y a des demi, des tiers, des quarts, absolument comme dans les comptes bien apurés on trouve toujours des centimes. C'est à croire que tels jugements ont passé au trébuchet le plus exact. Oui, fiez-vous-y : vous verrez comme au trébuchet vous serez pris ! Heureux encore, direz-vous, de n'avoir qu'à les subir et de n'être pas forcé de les comprendre ! Et qu'elle a bien fait, la loi sur les loyers, de dispenser les juges de paix de motiver leurs jugements !

Sous forme de remise de termes, une rosée substantielle et rafraîchissante pleut de la sorte sur nombre de fortunés locataires. Ce serait la plus charmante, la plus agréable chose du monde, et, à ces ineffables cadeaux, personne, hormis les esprits pointus, ne saurait trouver à redire, s'ils ne sortaient de la poche de quelqu'un. C'est là malheureusement ce qui les distingue de la manne autrefois tombée du ciel à l'usage de tout un peuple.

Car il faut en définitive que quelqu'un en fasse les frais. Ici il y a deux personnes qui devront nécessairement se ressentir, avec sensation différente, de ces si commodes libéralités : le propriétaire et son principal locataire, car quelle juste raison d'en charger l'un plutôt que l'autre ? De la perte, il y a donc lieu de faire une équitable et proportionelle répartition entre eux.

C'est le sentiment des gens humains et sensés, celui de la presque universalité des propriétaires de Paris, qui, spontanément, ont donné le noble exemple des sacrifices. Honneur et grâces leur en soient rendus ! Ceux que l'âpreté et la soif de l'or a portés à tenir une conduite différente ne forment, on est heureux de le proclamer, qu'une minorité infime, presque imperceptible. Les bourreaux d'argent sont toujours rares. Mais ce sont malheureusement ceux-là qui entretiennent dans le public l'habitude d'appellations grossières, de qualifications souverainement injustes appliquées à la généralité des propriétaires. A l'audience, un honnête plébéien traitait le sien de « M. Vautour. » Je ne pus m'empêcher d'adresser des représentations à cet homme, qui n'était certainement pas méchant. « Vilain oiseau, lui dis-je, et plus vilain mot encore ! Vous avez tort de l'employer, car il souille notre langue. A supposer votre propriétaire un vilain, faites-lui grâce de l'appellation en faveur des mérites des autres. Aussi bien, nous ne sommes ni à Sodome ni à Gomorrhe : il y a plus de cinq justes dans Paris. »

Nous ferons grâce aussi au nôtre, nous qui, par male chance, avons rencontré malheureusement un propriétaire d'une trempe différente des autres, doué d'un tempérament à part, sinon d'un état mental particulier. Celui-là trouve tout naturel que son principal supporte seul et exclusivement le dommage résultant des événements. Quant à lui, il entend sortir indemne de la crise, palper sans déchet l'intégralité de ses loyers. Le voici venir de sa personne: car de ses prétentions, quel autre que lui capable d'être le truchement?

C'est, puisqu'il faut l'appeler par son nom, maître Guyot-Sionnest, avoué émérite près le tribunal de la Seine et premier suppléant de juge de paix à Paris. A aucun titre probablement ne le connaissez-vous, lecteur, si vous n'avez, ce dont Dieu vous garde, été son client, ou, de toute autre façon, son tributaire. Le voici en croquis. Plutôt que de vous le montrer en laid, j'apporterais à l'embellir, si c'était possible, tout mon art, si j'en avais, tant je suis amoureux des belles formes et des contours gracieux, de l'Esthétique enfin, qui m a valu quelque distinction à l'école. Mais nous avons tout autre chose à faire qu'à babiller. Notre homme a comparu, vous l'apercevez déjà en action. A la barre du tribunal, il prend la parole. Soyons tout yeux et tout oreilles : *favete linguis*[1] !

Maître Guyot, — qu'il souffre qu'en vérité on le lui dise, — porte, dans la discussion, avec l'encolure, le tempérament et les habitudes du ruminant. Point lieu de s'en étonner sans doute si, comme on le dit, il est Percheron de race, natif de Nogent-le-Rotrou, à verdoyante et plantureuse prairie, salle à manger, avec couvert dressé par la main prévoyante de la nature au centre de la ville, à l'usage et pour le régime particulier de ses habitants. Courtoisie, aménité de formes, atticisme de langage, ne lui demandez rien de tout cela, pour lui purs dehors de convention et friperie hors d'usage.

Les abeilles du mont Hymette n'ont point déposé, comme à Platon, leur miel dans sa bouche, pendant qu'il était encore au berceau. Du divin Platon, il représente seulement la carrure des épaules. Bref, M. Guyot n'est rien moins que parlementaire et civil, pour qualifier en termes polis ses façons et son langage qui ne le sont guère. Il se montre de plus absolument affranchi de véracité, prenant, en dépit de sa corpulence, lestement ses aises avec les faits qui le gênent, et, avec la vérité, des privautés malséantes, voire même tout à fait condamnables, à son âge.

Maître Guyot est né, a vécu et mourra certainement praticien. Pour linceul, on lui mettra une feuille de timbre de dimension du plus grand format eu égard à son volume : dépense onéreuse et importune à sa famille, mais qu'adoucira sans doute cette considération que ce sera la dernière. D'un bond il s'est élancé à la barre, où il a déposé deux grands

---

[1] Gardez un religieux silence.

feuillets barbouillés, ses « conclusions, » dit-il, en termes du métier. Ici il s'arrête essoufflé. Quant au grimoire, c'est un salmigondis de faits controuvés, de chicanes de droit et de procédure dont vous également, lecteur, vous auriez laissé le président faire exclusivement son régal. Ce président est aussi un maître, non pas un maître président, mais un maître avoué, maître Boinod, enfin, toujours florissant au tribunal de la Seine, en deux traits, un grand homme, j'entends un homme long, sec, desséché comme un hareng saur, hérissé de piquants et aigre comme l'épine-vinette, hormis, je pense, pour ses pairs; au demeurant, une vieille connaissance qui, au Palais, dut avoir bien des fois l'occasion de passer la rhubarbe contre le sené à son ancien confrère. C'est là qu'on a fait la connaissance et échangé toute sorte de petits services qui ne sont jamais perdus. Ne se retrouve-t-on pas toujours? Il n'y a, selon le dicton, que les montagnes qui ne se rencontrent point.

Malgré les années, M. Guyot est vif, pétulant; j'allais dire qu'il bouillonne. A l'instar de ces cimes couvertes de neiges, qui recèlent des cratères dans leurs flancs, il vomit feu et flammes sur son adversaire. Vieil athlète, Entelle bas-normand de la procédure, qui ne peut se résoudre à déposer le ceste. Il n'a pas renoncé à l'exercice de son art, et pourtant le trait émoussé dans sa main rappelle l'avertissement du poëte: *Solve senescentem !*...

De son jargon, je vous en dirais plus long, si j'avais pu y rien comprendre. C'est vrai charabia, à se croire sous le robinet d'un des robustes fils de l'Auvergne. Grand Dieu ! se peut-il que dans un métier quelconque on contracte pareille habitude du coq-à-l'âne, et la pudeur ne saurait-elle empêcher si odieux attentat à notre belle et honnête langue ! A Thomas celui-là aurait rendu prodigieusement des points. M. Guyot l'eût certainement évincé, dépossédé sans conteste de son titre. On sait, en effet, que ne trouvant aucune étymologie satisfaisante au mot galimatias, Voltaire, par une de ces boutades qui lui étaient familières, proposa un jour d'y substituer le terme de gali-Thomas : tant l'avait offusqué le pathos de l'auteur des Éloges ! Maître Guyot eût bien mieux fait son affaire; plus justement encore il eût tenu l'emploi. Contemporain de Voltaire, il lui eût suffi de parler pour en être investi; il n'aurait eu qu'à ouvrir la bouche : d'emblée il passait gali-Sionnest ! Il ne serait pas, comme aujourd'hui, resté gros Jean comme devant. Pour être venu trop tard, il a manqué la postérité. Mais peut-être en a-t-il souci tout juste autant que des vieilles lunes. C'est pour lui sans doute sujet nul de préoccupation, objet bon à mettre aux débarras, à reléguer au quinzième dessous.

Au vif de la question, cet impitoyable pourfendeur joint à ses arguments juridiques une façon de raisonner ou de déraisonner tout à fait extra-légale, de laquelle le lecteur appréciera le plus ou moins de bon goût.

Entrepreneur de locations, comme porte la patente, « ça, s'écrie maître Guyot, ça n'est pas un état ! » et là-dessus de représenter son adversaire comme un parasite dans la société, une manière de *bouche inutile.* Vous perdrez bien temps et paroles, lecteur, à lui remontrer qu'ici, au rebours du proverbe, *la cage nourrit l'oiseau,* que le principal locataire fait vivre l'écrivain. Sa profession, le fisc l'a bien trouvée bonne à patenter; il l'a jugée suffisamment digne de sa considération pour lui faire exsuder sang et eau. Mais elle ne trouve pas grâce devant maître Guyot. Il n'a jamais vu cela à Nogent. Sorti de son village, encore moins a-t-il pu comprendre Courier le Tourangeau composant, dans l'intervalle des façons qu'il donnait à sa vigne, ses écrits, *famosi libelli,* que l'élève Guyot traduisait au collége, malgré ses maîtres qui y perdaient leur latin : « des petits livres fameux ! »

Terrible praticien à l'intellect rebelle, boîte osseuse dans laquelle, encore bien que vide, on ne fera jamais entrer qu'il puisse se rencontrer sous la voûte céleste âme qui demande à un état seulement la subsistance quotidienne pour s'adonner à des travaux plus relevés. Vous le verrez lever ses incommensurables épaules, si vous lui opposez Cléanthe gagnant sa vie, à Athènes, à monter de l'eau la nuit au service d'un maraîcher pour pouvoir se consacrer le jour tout entier à la philosophie.

Là où il se révèle non moins absolu et tranché dans ses instincts positifs, c'est au superbe dédain qu'il témoigne pour le maigre relief, pour le misérable profit qu'il y a de nos jours à tenir la plume, en un temps, hélas ! peu propice aux choses de l'esprit. Et puis écrire l'histoire ! Il est vrai : pour être abondante, la matière n'est pas louable. Force est de remonter en arrière pour trouver sujet moins écœurant de récit : tant nous sommes descendus ! Pauvre France, entrée, j'en ai peur, dans cette période d'abâtardissement et de décadence où ne s'est plus arrêtée l'Espagne après Charles-Quint ! Si l'Allemagne doit se prémunir contre l'écueil du militarisme où sa fortune peut sombrer, la France, qui a la sienne tout entière à rétablir, a grandement besoin, elle, de faire peau neuve, de mettre de côté les fourreaux usés et les vieilles baudruches.

Vous ne vous doutiez point, n'est-ce pas, mon honoré propriétaire, et vous écarquillez les yeux d'étonnement à apprendre qu'une nation en vient là quand elle ne se compose que trop de gens taillés sur le patron des Napoléon de l'époque; quand, faite à l'image d'hommes que vous connaissez, elle n'a plus d'autre souci, d'autre préoccupation que la vie et les intérêts matériels; quand, pour tout dire en un mot, elle ne représente plus, dans la personne de son empereur déconfit, qu'un animal à l'engrais ! Que nos enfants paissent aussi dru que nous, qu'ils tondent l'herbe du pré à même épaisseur et même largeur de langue, c'est là, en effet, le *nec plus ultra* de la sagesse du jour. Le cœur, rien; l'esprit, pas beaucoup plus; les sens, tout. Du foin dans les bottes et au râtelier, voilà l'essentiel; le reste, balivernes!

Quand M. Guyot fit l'acquisition de sa campagne, étonnés de son volume, les paysans du lieu s'entre-disaient : « Est-il *grossier* M. Guyot! » entendant par là sa forte corpulence. Ils ne savaient pas si bien dire. Le paysan aime toujours son pays, quand même il ne parle pas le langage d'un bon français. Quant à vous, peu aimable rural transplanté parisien, repiqué, comme disent les légumistes, mais non dégrossi, je ne disputerai pas avec vous en matière de professions. Dieu me garde de faire entrer la mienne en parallèle avec la vôtre! Encore moins suis-je disposé à la décrier. Ma plume sait mieux tourner le compliment que la satire, encore bien qu'elle n'ait jamais flatté personne, ni les grands ni le peuple : aussi suis-je demeuré stationnaire dans mon humble coquille. A d'autres le soin d'entretenir dans leurs écrits, à défaut du feu sacré, la cassolette d'où s'échappe un encens grossier à fumée bien digne de monter à la tête des Micromégas du jour! Vous m'avez reproché ma position sociale, moi, je vous fais mon compliment de la vôtre. Vous avez bien choisi votre état, bien fait de le transmettre à monsieur votre fils : héritier de votre nom et de vos vertus, il perpétuera les traditions de votre fonds. Plaise à Dieu seulement qu'après vous, il ne perpétue pas vos procès contre moi[1]! Car il n'est rien moins que rassurant l'adage : « Bon chien chasse de race. »

Ainsi donc admis avec vous qu'il ne sert de rien ou à peu près d'avoir de l'esprit; que pas n'est besoin d'autre chose que de posséder celui de son état, si obtus qu'il soit. Dans le choix de la profession, que chacun prenne donc sa mesure et consulte ses aptitudes : *Nosce te ipsum*, connaissez-vous vous-même. Là est tout le secret de réussir. Point ne faut d'autre talent : il est indifférent que vous soyez bouché à l'émeri, aussi sot que possible. Dans ce siècle de fer, ou plutôt d'argent, qu'on ne nous parle plus des hommes à grandes facultés, à nobles aspirations, à conceptions intellectuelles et morales élevées, encore moins des gens d'esprit. A ceux-là l'événement règle leur compte. A cet égard, les exemples surabondent. Gallet, chansonnier désopilant et démon d'esprit, se ruina comme épicier;

[1] Un exemple montrera, mieux que tout ce que nous pourrions dire, le goût forcené de M. Guyot Ier pour la chicane et les procès. On sait qu'en vertu d'une loi de voirie, les propriétaires de maisons bordant une artère nouvelle doivent supporter les frais de branchement d'égout et de premier établissement de la voie. Le cas s'est présenté notamment lors du percement du boulevard Ornano. Eh bien! notre propriétaire prétendait, ni plus ni moins, mettre ces frais à notre charge! Il a repoussé tout arbitrage amiable que nous proposions pour vider le différend. Il nous a donc fait un procès qu'il a perdu; mais *uno avulso non deficit alter* : à la façon du phénix, avec lui, des cendres d'un litige éteint, il en renaît un autre, besoin sans doute de s'entretenir la main. C'est vraiment un tempérament effréné et original que celui au foyer duquel s'allume une soif aussi inextinguible de contestations.

s'il eût été un sot, il aurait fait fortune. Que n'avait-il aussi, à la façon de ses confrères, seulement de l'esprit... plein sa cave ! Barbier, le malin et caustique avocat, au système de Law perdit son patrimoine : un laquais épais et balourd gagna, à la culbute, la fortune et le carrosse de son maître, mais sans pouvoir oublier de monter derrière : tant est puissante la force de l'habitude !

Je vous devais ces félicitations, ô trop redoutable adversaire, en train de saisir ce que je puis de vos divagations, à travers les crocs-en-jambe que vous ne vous faites nul scrupule de donner à la vérité en pleine audience. Vous y figurez avec l'ampleur, avec la rotondité du propriétaire, tandis qu'à vos côtés je fais bien chétive mine. On serait démoralisé et marri à moins, quand tout se réunit contre vous. Le découragement s'empare de nous dans une lutte si inégale. Funeste étoile, celle qui a présidé à ma naissance et m'a donné pour propriétaire un premier suppléant de juge de paix ! Qu'il est né coiffé, lui, de rencontrer aujourd'hui son pair dans le juge !

Aussi bien, tout vous réussit. Vous avez beau patauger, et ici, comme à Rambouillet, battre la campagne, le juge suit vos mouvements avec sollicitude, prêt à vous tendre la perche, à courir pour vous à la rescousse. Il vous est tout sucre et tout miel. Il sourit complaisamment à vos efforts, à votre antique vaillance. Son admiration à votre endroit s'épanouit sur ses traits. Il a retrouvé un confrère, sinon un « ami fidèle. » Ah ! celui-là, semble-t-il se dire, il provient bien de notre fonds : « C'est un enfant de la balle ! »

Jugez, lecteur, si le problème est épineux, la question difficile à résoudre. Il s'agit de décider si, dans l'accident commun, propriétaire et locataire principal, un seul des deux ou tous les deux doivent participer au malheur, supporter proportionnellement le dommage. Il semble clair que la loi de 1871 n'a pas voulu enrichir l'un aux dépens de l'autre. A plus forte raison n'a-t-elle pas dû entendre, au profit de la plus fortunée des parties, consommer la ruine de la moins aisée, à moins de justifier une fois de plus le dicton, que « l'eau va toujours à la rivière. »

Pour les industriels et marchands, aux halles et marchés, dans tous centres enfin de négoce et trafic publics, il y a le vérificateur des poids et mesures. Le consommateur peut constater sur-le-champ s'il a son compte, établir le déficit et réclamer son appoint. Mais, devant la juridiction des loyers, la chose n'est pas si simple : là il y a dérogation aux règles ordinaires de la justice. Si elle boite ou, autrement, se donne une entorse, il n'y a pas le rebouteur pour lui redresser le pied, personne pour la remettre à-plomb si elle penche : on sait que la voie de l'appel est fermée. Chère dame justice, vous êtes bien la plus séduisante, mais aussi la plus dangereuse sirène que je connaisse, quand, à la puissance, aux charmes ineffables de vos attraits, vous joignez une omnipotence de circonstance capable de causer ruine et désastres irréparables. Ici, jeté sur votre plage ennemie, le passager n'a pas, comme Ulysse et ses compagnons, la ressource de s'attacher au mât ni, avec de la cire, de se boucher les oreilles. Cette cire, vous la fondriez aussi facilement que vous savez faire de notre argent.

Sur le point dirimant du débat, la lumière, lecteur, a-t-elle jailli à vos yeux éclatante? Si oui, il s'en faut qu'il en soit de même pour M. le président de la deuxième section des loyers du XVIIIe arrondissement. A Dieu ne plaise que je prétende que maître Boinod tienne ses paupières closes, mais il a certainement dans l'œil une taie qui l'empêche d'y voir clair, et l'aveugle. Est-ce à cause de cela qu'on représente Thémis un bandeau sur les yeux? A l'article de cette incorruptible déité, la fable rapporte qu'elle refusa autrefois d'épouser Jupiter. Le maître de l'Olympe ne se le tint pas pour dit, encore moins se jugea-t-il battu : il en avait vu bien d'autres! Jupiter, disent les mythographes, « soumit Thémis à ses volontés. » Peu importe le moyen qu'employa un dieu si puissant et surtout si fécond en ressources : l'euphémisme n'implique aucune idée de désagréable violence.

Donc, pour M. le président Boinod, le cas est loin d'être aussi transparent qu'eau de roche. Il a les yeux ouverts, armés de surcroît d'un formidable binocle; d'où vient donc qu'il y voit si peu clair et que, de son horizon visuel, le point en question forligne tout à fait? On nous en donne l'explication suivante. Il y a gens qui, par vice natif ou autrement, ne voient goutte à regarder avec les deux yeux, selon le procédé ordinaire. Qu'ils en ferment un et ouvrent l'autre, ils verront distinctement tout de suite.

— Propriétaire et principal locataire, dit maître Boinod, cela est tout différent.

— Je ne saisis pas bien votre pensée ; aussi, pour vous répondre, vous serais-je fort obligé de me l'expliquer.

— Je vous dis que les positions ne sont pas les mêmes.

— En quoi et comment? Je ne saurais le comprendre. J'aperçois bien une dissemblance de moi à mon propriétaire, mais telle que j'imagine qu'elle n'a rien à faire ici. Estimez-vous que la loi sur les loyers, dans son texte comme dans son esprit, veuille que, de deux parties, l'une s'enrichisse aux dépens de l'autre, et surtout qu'elle ait été faite au profit exclusif de celui qui possède? S'il y avait une distinction à faire, elle devrait être, ce semble, plutôt en faveur du principal, dont les événements ont ébréché le capital, tandis que celui du propriétaire demeure intact ; du principal locataire dont le revenu est complétement anéanti, pendant que celui du propriétaire ne devrait, si je vous comprends bien, essuyer aucun déchet. Et vous décideriez que celui-là doit sortir indemne, affranchi de toute perte, qui a seul la force de la supporter ! Vous jugeriez que la charge doit entièrement porter sur les épaules les plus faibles, peser sur les reins les moins forts, les moins capables de la soutenir !

— Je jugerai comme bon me semblera.

— A la bonne heure ! C'est là parler d'or. Je n'ai rien à ajouter. Cependant s'il est possible encore de vous enrayer sur cette pente, je vous adjure de ne pas commettre un acte inique. Mon bail, accessoires compris, me revient à près de trente mille francs. J'en retire péniblement deux mille cinq cents francs de revenu. Cette année, je n'encaisserai pas cinq mille francs, et, indépendamment des remises accordées à mes sous-locataires, j'ai à supporter des charges de toute nature. Ne recevant pas, je ne puis point payer l'intégralité des trois termes à mon propriétaire. Oui ou non, suis-je fondé à réclamer le bénéfice de la loi ?

— Vous, c'est tout différent.

Ces derniers mots me donnèrent froid. A cette attitude du juge, il n'y avait plus qu'à tendre le cou, à courber douloureusement la tête. Il n'y a, comme on dit, pire aveugle que celui qui ferme volontairement les yeux, ni sourd plus incurable que celui qui ne veut pas entendre. Que voulez-vous qu'on réponde à un homme monté à ce diapason-là ? qui, de quelques arguments qu'on le presse, de quelques clartés qu'on l'illumine, par livres, pièces et justifications, continue à vous répondre : « Tarare » ou « tarte à la crème ! » Même refrain à toutes bonnes et démonstratives raisons.

Et là-dessus, comme couronnement, décision qui nous astreint à payer à M. Guyot l'intégralité de ses trois termes, et met à notre charge exclusive la totalité des remises accordées aux locataires. Connaissez-vous, lecteur, façon plus patente de faire l'affaire de l'une des parties aux dépens de l'autre ? Estimez-vous que la loi sur les loyers ait été faite à ce dessein ? Vraiment, même par ce temps de latitude des consciences, on demeure stupéfait.

Le public, il faut le dire, ne trouva pas ce jugement l'égal de celui de Salomon, à en juger par son improbation très-marquée. Il y a des actes qui, de quelque nom qu'on les décore, rencontrent toujours de sa part une certaine rétivité ; aussi, malgré son respect pour la justice, à celle-là il ne fit pas un accueil flatteur. Il advint qu'on chuchota à propos de cette laine qu'allait manger sur le dos de son principal un propriétaire notoirement opulent, riche d'une fortune évaluée de quarante à cinquante mille francs de rente. De toute part on nous dit : « Contre pareille énormité, vous avez le devoir de vous pourvoir, quelque voie légale qui reste ouverte. Que si vous ne le faites pour vous-même, faites-le dans l'intérêt de la morale et de la société outragées. Trouvez des juges, quand même vous devriez aller les demander à Berlin. »

Vox populi vox Dei. Devant cet autre verdict du peuple, notre propriétaire s'était prudemment esquivé. Il n'avait pas attendu plus longtemps pour prendre de la poudre d'escampette. Dans sa précipitation, il oublia même de ramasser sa couronne. Il comptait un triomphe judiciaire de plus. Modestie grande de sa part, d'avoir ainsi détalé sans tambour ni trompette, quand il pouvait l'emboucher en l'honneur d'un si beau succès.

C'est qu'ici l'émolument est multiple. Après l'argent du principal, il a toute chance de faire main basse sur le bail sans bourse délier. Quelle bonne aubaine de pouvoir forcer son principal locataire à s'en défaire à vil prix !

Après cela, admirez le législateur des loyers qui a interdit la voie de l'appel, pour ne laisser à la partie lésée, irréparablement ruinée, que le recours pour excès de pouvoir ! Voilà, entre tant d'autres, un des résultats de cette fameuse loi de 1871 ! C'est un exemple de plus des maux que l'arbitraire déchaîne. Qu'en pense aujourd'hui M. le garde des sceaux ? Cette fois, montera-t-il au Capitole ? Nous, dût-il nous faire monter à l'échafaud, notre devoir de publiciste et d'économiste nous oblige à lui dire que, sœurs jumelles et également avortées, sa loi sur les loyers et celle sur les échéances ont porté des fruits détestables.

Sur cent justiciables pris au hasard, qu'on en trouve seulement cinq satisfaits, cinq qui ne se récrient pas contre les décisions de cette juridiction des loyers, j'en défie, et j'invoque ici le témoignage, entre autres, de vingt praticiens qui me l'ont affirmé. Je ne finirais pas à dérouler sous les yeux du lecteur toutes les applications baroques et saugrenues de la loi. Aussi n'ai-je cessé de crier par-dessus les toits : « Justiciables de la loi sur les loyers, arrangez-vous à quelque prix que ce soit avec vos propriétaires ; ne recourez qu'à toute extrémité, en désespoir de cause, à la juridiction instituée par cette loi. Croyez-en l'avis de qui en a fait l'expérience : *experto crede Roberto*, comme disait le bon vieux grand père. Si bien intentionnés qu'ils soient, les jurys des loyers statuent à peu près partout en aveugles. Dans la masse des jugements, d'arrondissement à arrondissement, de section à section, et encore dans même section, on signale et on relève les disparates les plus choquantes, des points de vue absolument divergents, des contradictions incroyables. Ainsi, pour n'en citer qu'un cas, il y a un abîme entre les décisions des juges de paix des IIIe et IVe arrondissements, généralement raisonnées et raisonnables, et celles du XVIIIe. Ici elles sont hybrides, ni mâles ni femelles, telles qu'il est bien impossible de déterminer leur essence et leur sexe. C'est la bouteille à l'encre dans toute son opacité. Dans le pays de Tohu-bohu, elles obtiendraient encore la prééminence, elles brilleraient d'un éclat incomparable.

On doit reconnaître aussi — et c'est une preuve de plus du vice de la loi — qu'une source inépuisable d'erreurs et de bévues a jailli de l'impossibilité du déplacement des juges, du défaut d'examen des lieux, de l'ignorance des agissements du commerce, des habitudes et procédés afférents à chaque industrie. Personne ne saurait être universel ni ubiquiste. La témérité du législateur a consisté à attribuer ce double don, ces deux facultés aux juges qu'il instituait. Il les a follement créés à son image.

Aussi bien, voyez-les à l'œuvre. Chacun des jurys apprécie les espèces à son point de vue particulier, se fait des précédents, et pour des positions en apparence identiques, une jurisprudence absolue, immuable. Mais à procéder par principes absolus, à suivre des idées et directions préconçues, ou à s'affranchir de toute règle convenue d'avance, tous errent plus ou moins. Les règles fixes, inflexibles sont encore les plus pernicieuses, les plus dommageables. Je pourrais en rapporter nombreux exemples : en voici un des plus facilement vérifiables.

Beaucoup de jurys ont refusé toute remise sur leurs loyers à la classe des marchands de vin et cabaretiers, aux débitants logeurs et maîtres de garnis. On leur a opposé les profits qu'ils avaient faits au cours de l'investissement de Paris et durant la débauche d'ochlocratie et la caricature grotesque d'administration qui s'appelle la Commune, pour aboutir à une tragédie sanglante, éclairée des torches de l'incendie. Vraie pour le plus grand nombre, l'objection manque de fondement pour d'autres. Il fallait se ressouvenir que les vins de qualité inférieure et de débit courant ont alors manqué ; et qu'à moins de vendre à perte, encore s'il était approvisionné de crus supérieurs, le débitant s'est vu obligé de fermer boutique. Les moins honnêtes ont fait mieux ou pis : ils ont mis la clef sous la porte. Il y a injustice à ne pas tenir compte d'une circonstance si notoire. Dénier à cette catégorie de commerçants toute remise sur leurs loyers, tout allégement à leurs charges, n'est rien moins qu'équitable. Autre cas. Nous connaissons un boulanger du faubourg Saint-Honoré exclusivement adonné à la fabrication du pain de luxe et même de l'espèce de pain dont Anglais et Américains sont les seuls consommateurs à Paris. Eh bien ! sur sa tête aussi a passé l'inflexible niveau : il n'a obtenu, malgré les justifications les plus probantes, aucune réduction sur ses loyers ; et il avait dû fermer durant tout le siége par l'absence complète de clientèle ! C'est là, on en conviendra, une peu heureuse reproduction du lit de Procuste. Nous pourrions multiplier les exemples. Et qu'on les rapproche du cas de notre apothicaire, obtenant du juge de paix du XVIIIe arrondissement la remise de cinq cent dix-huit francs quarante centimes sur ses loyers, alors qu'il a triplé le chiffre de ses affaires, au point d'être obligé de prendre un élève de plus !

En regard d'un certain nombre d'*industriels* qu'elle a enrichis aux dépens d'autrui, la loi sur les loyers, avec ses aveugles et forcément inconscientes applications dans la plupart des cas, aura causé de regrettables sinistres, jeté le trouble dans les relations commerciales, apporté, en fin de compte, dans les affaires, une perturbation profonde. Elle a soulevé contre le gouvernement un concert à peu près unanime de plaintes. Avec cela, elle ne lui a pas fait un seul ami. L'immense majorité des justiciables ne gardera à cette loi aveugle et à son application plus aveugle encore qu'un amer ressentiment. En vérité, c'était bien la peine de saper l'une des bases de l'ordre social, d'ébranler l'un des fondements de la société, par l'atteinte portée au principe de la propriété. Mauvaise chose que la poursuite de la popularité quand même ! L'Assemblée nationale ne s'est pas aperçue du piége qu'on lui tendait ; elle a donné en plein dans l'embuscade. Au lieu de planer sur la situation, comme il le devait, le législateur s'est mis à la remorque du courant et des passions du jour : il a subi l'impulsion quand il lui appartenait de la donner. Il a cru édicter une mesure d'intérêt public, libérale et populaire, et il n'a réussi qu'à faire des ingrats .ou des mécontents. Il s'est laissé forcer la main et du même coup il a laissé forcer la digue par le torrent de la cupidité et des immorales convoitises, il a ouvert un vaste champ à l'arbitraire, rompu frein et barrières, semé le trouble, la confusion et la ruine au profit exclusif d'un petit nombre de gens, qui seuls ont recueilli la moisson, stérile pour tous les autres, de la juridiction des loyers. Voilà où il a placé les bienfaits de sa loi ! « Ce sont là, dit Cicéron quelque part, actes bientôt oubliés de celui qui en profite, et dont celui qui en souffre se souvient longtemps : *Cui placet, obliviscitur ; cui dolet, meminit.* »

Voilà la vérité, contrairement aux assertions des rapports aussi intéressés que peu intéressants que les juges de paix de Paris ont déjà adressés et adresseront sans doute encore à M. le garde des sceaux, qui n'est certes pas assez naïf pour y voir autre chose que de bons billets de la Châtre[1]. C'est fait de routine, absolument impossible , comme tous les abus, à extirper en France. Imaginez-vous que, consulté sur ses denrées, un producteur dira jamais qu'il les trouve de mauvais acabit ? et qu'à réunir et aligner les vingt juges de paix de Paris renforcés encore de leurs suppléants, il sortira du concert une seule note discordante, qu'il se rencontrera un seul de ces honorables fonctionnaires qui hoche seulement la tête

---

[1] Voir notamment un rapport au *Journal officiel* du 23 août Chiffres et assertions y sont des plus erronés.

en signe d'incrédulité ou même de doute sur la bonté de ses décisions en matière de loyers ! *Stercus cuique suum bene olet.* Nous avons eu l'honneur d'en placer une sous les yeux de M. le garde des sceaux, qui a pu constater par lui-même jusqu'où peut aller l'infatuation chez certains esprits, admirer un chef-d'œuvre d'aberration judiciaire, et, pour tout dire, un insigne monument d'onisme[1].

Pour une place qu'un ministre accorde, disait M. de Villèle, il fait un ingrat et se donne quatre-vingt-dix-neuf ennemis. C'est bien là aussi le sort des gouvernements qui, dans un but de fausse et malsaine popularité, font au gros du public un cadeau consistant à vider la poche des uns pour emplir celle des autres. Ils provoquent contre eux des haines d'une nature vivace et durable. On n'oublie pas facilement la ruine dont le contre-coup retombe cruellement sur la famille tout entière, sur une femme et des enfants. C'est, de toute façon, à quelque point de vue qu'on l'envisage, un pernicieux résultat que celui qui, tarissant la source de l'aisance dans les plus modestes intérieurs, dans les ménages peu aisés, y jette la gêne, la détresse, et, comme conséquence extrême, arrête dans leur cours la vie et le développement des générations.

Quand donc, en France, le pouvoir renoncera-t-il une bonne fois aux palliatifs téméraires et insuffisants, aux moyens empiriques, de tous les plus funestes ? Est-ce qu'il ne comprendra jamais que, dans les crises, le plus sage est de s'abstenir, de laisser opérer la nature des choses ; qu'il y a tout profit pour lui à se tenir tranquille, à ne point s'abandonner à une agitation stérile qu'on confond avec l'activité saine et réglée, à s'abstenir surtout de légiférer à tort et à travers avec une intempérance brouillonne. C'est une des données les plus incontestables d'une sage économie politique. Ici l'expérience est d'accord avec le droit et l'équité. L'autorité ne voit-elle pas qu'elle a tout à gagner, sécurité et considération, à ne pas sortir follement de sa sphère, de son action naturelle et normale, à respecter les droits de tous, la sainteté des contrats, à ne pas, en toute rencontre, s'interposer maladroitement, intervenir malencontreusement dans le règlement des intérêts privés, dans les relations industrielles et commerciales, dans tous les rapports sociaux. Faut-il désespérer du bon sens en France et croire qu'on ne s'y rendra jamais à l'évidence ? Qu'on s'abstienne donc dorénavant, sous prétexte et couleur de situations exceptionnelles, de raisons d'État sans fondement ni valeur, de violenter choses et personnes, de porter atteinte à la liberté, aux droits et à la propriété d'un chacun.

Après ses lois sur les loyers et sur les échéances, nous prierons le gouvernement de nous dire ce qu'il aura désormais à objecter aux doctrines

---

[1] Ὀνός, *asinus.*

et aux réglementations du socialisme qui se poursuivent dans la presse et continuent de fleurir dans les bas-fonds? Comme jadis au chancelier Poyet, on répondra à M. le garde des sceaux que c'est son ouvrage. Il est vrai qu'il pourra aussi comme lui répliquer : « Ah! quand je fis cette loi, je ne pensais pas me trouver où je suis [1]!... »

Et ensuite il se rencontrera encore des gens assez ingénus pour se plaindre de la série ininterrompue des bouleversements en France, de l'outre toujours ouverte des tempêtes politiques et sociales, de l'ère jamais fermée des révolutions! Bonnes gens, autant vaudrait vous étonner qu'un malade abandonné à trois ou quatre empiriques pour la guérison d'un mal interne et profond, s'agite convulsivement sur sa couche en proie à des douleurs aiguës, changeant continuellement de posture, tantôt sur le dos, tantôt sur le flanc, à la poursuite d'un soulagement que, de quelque côté qu'il se retourne, il ne trouvera jamais.

[1] Garnier, *Histoire de France*, t. XIII, p. 226.